Herr Hase
sucht das Glück

Für alle die, die zu irgendeinem Zeitpunkt in
meinem Leben Teil meines Glücks gewesen
sind; und für die anderen, ohne die ich vielleicht
die Bedeutung der ersteren nicht hätte
ermessen können.
　　　E. C.

Für B., meine Stütze.
Und für G. und C., die beide
mein Glück sind!
　　　B. M.-G.

Ella Coalman • Bérengère Mariller-Gobber

Herr Hase
sucht das Glück

annette betz

In einem fernen Land, inmitten eines majestätischen Waldes aus Blautannen lebt ein Hase mit langen Ohren und sorgfältig gekämmten Schnurrhaaren. Herr Hase liebt seine Margeritentapete, sein Korbbett und seine lavendelfarbene Decke. Er pflegt gern seinen Gemüsegarten und schaut den Kräutern darin beim Wachsen zu, er kocht gern Karottensuppe, backt Mirabellenkuchen und trinkt mit seinen Freunden Salbeitee. Mehr braucht er nicht.

Und doch fragt er sich manchmal, ob es ihm nicht doch an etwas fehlt, etwas wie Glück. Davon hat er schon so viel gehört. Wie mag dieses Glück wohl aussehen? Wo kann es sich nur verstecken?

Weil er sich diese Fragen immer wieder stellt, wird Herr Hase allmählich unglücklich, sehr unglücklich. In seinem Haus geht er so lange immer wieder auf und ab, dass es ihm plötzlich winzig vorkommt, die Tapete altmodisch, das Bett durchgelegen, der Garten langweilig, die Kräuter verwelkt, die Suppe fad, der Kuchen zu süß und der Tee zu bitter ... Er muss unbedingt das Glück finden!

Also beschließt Herr Hase, seinen Rucksack für eine lange Reise zu packen. Er hat von einem alten Uhu gehört, der auf einem Berg wohnt, fast schon in den Wolken. Ein Weiser, der sich mit allem auskennt. Er wird bestimmt wissen, wie das Glück aussieht und wo man es findet.

Am nächsten Morgen bricht Herr Hase beim ersten Sonnenstrahl
auf. An einer Wegbiegung taucht Maus auf.
»Pieps, pieps, aus dem Weg, Hase, ich hab's eilig. Der Käse und
das Glück warten nicht!«
Herr Hase verzieht das Gesicht und macht Platz. Ist das Glück
etwa ein Käse? Nein, unmöglich, das würde doch viel zu schlecht
riechen!

Der Weg ist lang, die Steine tun an den Pfoten weh,
die Sonne brennt. Herr Hase beginnt, sich einsam zu
fühlen. Darum freut er sich, als er Schwein trifft, das sich
gerade genüsslich in einer Matschpfütze wälzt.
»Hallo, Hase! Was machst du denn hier?«, fragt es und
streckt die Schnauze aus dem Schlamm.
»Ich bin auf der Suche nach dem Glück«, antwortet
Herr Hase.

Schwein bricht in schallendes Gelächter aus.
»Was für eine komische Idee! Das Glück ist manchmal direkt
vor unserem Rüssel. Meins liegt hier in dieser Pfütze!«
Herr Hase kann sich anstrengen, wie er will, er kann
das Glück im klebrigen Dreck beim besten Willen nicht
entdecken. Schwein muss sich irren. Ratlos setzt Herr Hase
seinen Weg fort.

Ihm war nicht klar, dass der Weg auf den Berg des alten Uhus
so schwer sein und dass er so lang bis auf den Gipfel brauchen
würde. Als es dunkel wird, muss er sich schlafen legen. An einen
Stein geschmiegt zittert Herr Hase vor Kälte und Angst. Er hört
seltsame Geräusche. Ihm fehlen seine Margeritentapete, sein
gemütliches Bett, seine lavendelfarbene Decke, seine Suppe, sein
Kuchen und sein Tee, aber er ist wild entschlossen, seine Suche
zu Ende zu bringen.
»Ich kehre erst nach Hause zurück, wenn ich das Glück gefunden
habe«, gibt Herr Hase sich selbst das Versprechen und drückt fest
die Augen zu.

Als die Sonne endlich wieder aufgeht, tut ihm ein bisschen der Rücken weh. Schlecht gelaunt und müde setzt er seinen Weg fort. Nach vielen Stunden Fußmarsch erreicht er endlich den hundertjährigen Baum des alten Uhus, der schon fast eingeschlafen ist.

»Was machst du denn so weit von zu Hause weg, Hase?«
»Na ja ... ich bin auf der Suche nach dem Glück.«
»Aha«, antwortet Uhu gähnend. »Dann musst du einfach
nur ins Dorf der Tiere gehen. Dort gibt es drei Geschäfte.
Besuche jedes von ihnen, dort findest du das Glück.«
»Ist das alles?«, erwidert Herr Hase ein bisschen
enttäuscht. Aber Uhu antwortet ihm nicht mehr,
denn er ist inzwischen fest eingeschlafen.

Ohne Zeit zu verlieren, läuft Herr Hase atemlos
zum Dorf. Er kann kaum erwarten herauszufinden,
was es in diesen geheimnisvollen Geschäften zu
entdecken gibt. Unterwegs begegnet er ein paar
Hühnern, die beim Brüten friedlich vor sich
hingackern. Warum behüten sie ihre Eier, als wären
es Edelsteine? Das Glück liegt doch bestimmt nicht
in einem Ei? Aber Herr Hase hat keine Zeit,
dieser versponnenen Idee zu folgen.
Schnell, das Glück wartet auf
einen genauso wenig wie der
Käse, hat Maus gesagt!

Vor dem ersten Geschäft zögert Herr Hase verlegen.
Kann man das Glück etwa mit Geld kaufen?
Die Tür knarrt. Pferd steht hinter dem Tresen.
Es verstaut lange Fäden in Schachteln.
»Suchen Sie etwas Bestimmtes?«, wiehert Pferd
und schüttelt die Mähne.
Herr Hase schaut sich überall um, entdeckt aber nichts,
was seiner Vorstellung vom Glück entspricht.
Also verneint er und eilt wieder aus dem Laden.

Das zweite Geschäft ist ebenso enttäuschend.
Dort sortiert Dachs bunte Metallröhren und -platten.
Bevor er Herrn Hase begrüßen kann, hat dieser den Laden
niedergeschlagen schon wieder verlassen.
Ob sich Uhu wohl einen Spaß mit ihm erlaubt hat?
»Vielleicht wollte er meine Beharrlichkeit testen«,
sagt Herr Hase zu sich. »Das Glück befindet sich bestimmt
im letzten Laden.«

Seine Enttäuschung wird noch größer, als er die Tür zum dritten Geschäft vorsichtig öffnet. Hier gibt es Holz in allen Formen, Größen und Farben. Biber nagt gerade ein Stück zurecht. Aber Herr Hase kann nicht glauben, dass das Glück aus einem gewöhnlichen Stück Holz bestehen soll. »Ich brauche nichts!«, ruft er, bevor er vollkommen durcheinander wieder zum Ausgang stürmt.

Mit hängendem Kopf streift Herr Hase ziellos durchs Dorf und kickt mit der Pfote Kieselsteine vor sich her, bevor er sich schließlich auf eine Bank setzt. Gedankenverloren bemerkt er gar nicht, dass die Tiere von überallher zusammenströmen. Nacheinander tauchen Eichhörnchen, Wiesel und dann auch noch Fuchs auf.

Alle drei grüßen erst feierlich das Publikum, dann zieht jeder von ihnen ein Instrument hervor. Eichhörnchen stimmt seine Geige nach dem Xylofon von Fuchs und dem Tamburin von Wiesel. Dann erklingt eine wundervolle Melodie. Die Stimmung ist ganz besonders. Herr Hase lächelt. Er ist glücklich. »Wie schön das ist!«, denkt er.

Auf einmal stutzt er verblüfft. Ihm wird klar, dass die Geige, das Xylofon und das Tamburin aus Holz und Metallstücken bestehen und dass der Bogen mit Pferdehaar bespannt ist ... alles Sachen, die er in den drei Geschäften gesehen hat!

»Applaus für die ›Rhythmischen Käfer!‹«, ruft Igel. Herr Hase klatscht begeistert Beifall. Er begreift in diesem Moment, dass das Glück nicht einfach irgendein Ding ist, noch viel weniger irgendein hübscher Gegenstand. Es besteht vielmehr aus kleinen und großen Augenblicken, Gefühlen und Eindrücken ... wie zum Beispiel in guter Gesellschaft Musik zu hören, tief durchzuatmen, den Wind auf dem Näschen zu spüren, im Schatten seines Lieblingsbaums ein Eis zu essen ...

Dankbar kehrt Herr Hase nach Hause zurück. Er hat sein Haus, seinen Garten, seine Rezepte ... aber Herr Hase überlegt, dass das Glück noch viel größer sein muss, wenn man es miteinander teilt. Also lädt er seine Freunde ein, um bei einem Karottenkuchen – und Käse – die Freude am Zusammensein zu feiern. An diesem schönen Abend holt Murmeltier seine Gitarre hervor. Kaum hat es einige Akkorde gespielt, stimmen die Hühner gemeinsam ein Lied an, und alle beginnen zu tanzen. Was für ein Glück!

1. Auflage 2025
© Annette Betz in der Ueberreuter Verlag GmbH,
Berlin 2025
ISBN 978-3-219-12081-3
Originalausgabe erschien unter dem Titel
À la recherche du bonheur bei Casterman © 2024
All rights reserved
Aus dem Französischen von Bernd Stratthaus

Lektorat: Kim Laura Franzke
Umschlag- und Innenillustrationen: Bérengère Mariller-Gobber
Gedruckt in China
Gedruckt auf Papier aus geprüfter nachhaltiger Forstwirtschaft.
www.annettebetz.de